Raumerkundungsbuch

1. Auflage 2009

Herausgegeben und entwickelt von

Kariane Höhn, Dipl.-Soz.-Päd. (FH),
Abteilungsleiterin, Abteilung Tagesbetreuung für Kinder, Sozialamt der Stadt Reutlingen,
nebenberuflich in der Fortbildung und Organisationsentwicklung
für Träger und Teams von Tageseinrichtungen und in der Tagespflege tätig

und

Angelika Kercher, Dipl.-Päd.,
Dozentin an der Fachschule für Organisation und Führung und an der Fachschule
für Sozialpädagogik in Tübingen,
seit vielen Jahren zusätzlich in der wissenschaftlichen Begleitung
von Kindertageseinrichtungen und in der Fortbildung von Erzieherinnen tätig.

Carl Link

Bibliografische Informationen der Deutschen Bibliothek
Die Deutsche Bibliothek verzeichnet diese Publikation in der Deutschen Nationalbibliografie; detaillierte bibliografische Daten sind im Internet über **http://dnb.ddb.de** abrufbar.

Verlagsnr. **2477.602** - Art.-Nr. 01969000 (ISBN 978-3-556-01969-6)

Verantwortlich:
Verwaltungsgruppe Öffentliche Organisationen
Adolf-Kolping-Straße 10, 96317 Kronach
E-Mail: *info@wolterskluwer.de*
Internet: *www.wolterskluwer.de*

Printed in Germany – Imprimé en Allemagne

Inhalt

Vorwort

Liebe Leserin,
lieber Leser,

Räume wirken stumm, aber nachhaltig.
Diese Erkenntnis leitet gleichermaßen Architekt(inn)en wie auch Pädagog(inn)en. Nicht umsonst bezeichnet L. Malaguzzi, der Begründer der Reggio-Pädagogik, den Raum als dritten Erzieher.

In den Bildungsplänen der Länder wird Raumgestaltung und -nutzung als klarer Auftrag der Frühpädagogik formuliert.

Warum eine Raumerkundung aus Kinderperspektive?

Ein Raum, der von Erwachsenen gestaltet wird, wirkt aus der Perspektive von 80 bis 100 cm über dem Erdboden komplett anders. Er kann aus der Erwachsenenperspektive übersichtlich, aufgeräumt, strukturiert und anregend erscheinen – wie wirkt er aber aus der Kinderperspektive?

Mit drei sog. „bad-practice-Beispielen" unterstreichen wir unsere Annahme; der Meterstab mit 80 cm gibt Ihnen die Orientierung, was das Kind sehen bzw. erreichen kann.

Selber Händewaschen?
Keine Chance!

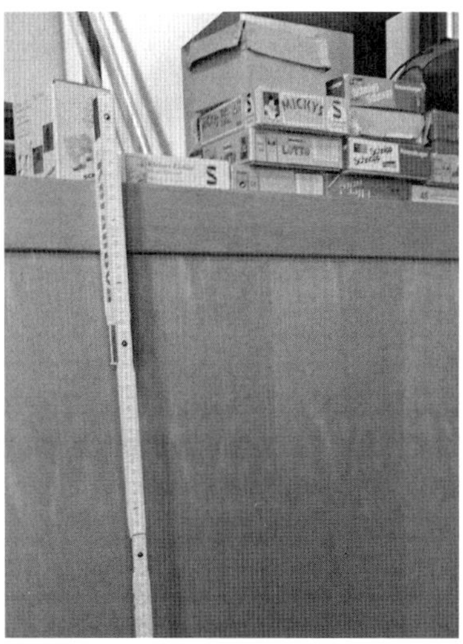

Ein Spiel vom Schrank holen, ohne dabei auch alle anderen herunter zu ziehen?
Keine Chance!
Zudem ist sprichwörtlich der Schrank „das Brett vorm Kopf!".

An die begehrten Ostheimerfiguren kommen?
Keine Chance!

Wenn unter dreijährige in die Tageseinrichtung aufgenommen werden, ist es daher sinnvoll und aus unserer Erfahrung notwendig, die Räume mit ganz anderen Augen zu betrachten, nämlich mit den Augen eines zweijährigen Kindes, und das heißt auch aus dessen Sichthöhe. So ist das Raumerkundungsbuch entstanden.

Wie ist das Raumerkundungsbuch entstanden?

In der Absicht, den beteiligten Fachkräften einen nachhaltigen Perspektivenwechsel zu ermöglichen, haben wir im Rahmen des Stuttgarter Modellprojektes „Integration Zweijähriger in den Kindergarten"[1] einen ersten Raumerkundungsbogen entwickelt.

Wir haben immer wieder zurückgemeldet bekommen, welch ein Aha-Erlebnis diese Erfahrung war und wie sehr es die Anpassung der Tageseinrichtung an Kinder unter drei Jahren befruchtet und vorangebracht hat, ja fast vorantreibt.

Das nun vorliegende Raumerkundungsbuch ist Ergebnis mehrerer Überarbeitungen nach praktischer Anwendung Hunderter von Fachkräften in Fortbildungen und Inhouse-Prozessen.

Was ist das Ziel des Raumerkundungsbuches, was nicht?

Das Raumerkundungsbuch ist ein Impuls für Fachkräfte, bei der Raumgestaltung konsequent vom Kind aus zu denken. Es ermöglicht auch, indem es das Team auf die Knie bittet, Schlüsselerlebnisse, die dann im weiteren Reflexionsprozess in die Ermittlung von Handlungsbedarf und konkrete Planungsschritte übersetzt werden können.

Sie werden feststellen, dass die Raumerkundung nicht nach einzelnen Räumen gegliedert ist, sondern nach pädagogischen Leitgesichtpunkten. Das hat seinen Grund:

Das Raumerkundungsbuch stellt **keine Checkliste** dar, mit der ein angemessener Ausstattungsbestand ermittelt werden soll, sondern einen **Reflexionsleitfaden für** die Analyse, inwieweit die eigene Tageseinrichtung vorbereitet oder abgestimmt ist auf die Bedürfnisse von Zweijährigen in der Altersmischung. Dabei kann sich herausstellen, was bereits gut funktioniert, aber auch Handlungsbedarf spürbar werden, der durch **weitere Schritte** bearbeitet werden kann.

Der **Aufbau der Erkundungstabelle** umfasst also:

- Thema, orientiert an den Entwicklungsbedürfnissen junger Kinder,
- Impulsfragen aus Kinderperspektive, die den Blick lenken und das eigene Erleben in der Durchführung strukturieren,
- beispielhafte „Augenmerke" 👁, auf die geachtet werden sollte. Diese beanspruchen keine Vollständigkeit, sondern dienen ebenfalls als Impulse.

Wir wünschen Ihnen eine anregende Raumsafari
und viele wertvolle Erkenntnisse für Ihre Umsetzung!

1. Beauftragt vom Landeswohlfahrtsverband Württemberg-Hohenzollern (heute Kommunalverband für Jugend und Soziales Baden-Württemberg, KVJS); Abschlussbericht in Kercher, Höhn: „Zweijährige im Kindergarten" Arbeitshilfe KiGa 2plus, Wolters Kluwer, 7. Lieferung Juli 2009.

...dass ein Kind nicht einer wahllosen Flut von Büchern gegenübersteht und nur alles „rausziehen" kann.

... dass ein liebevoll arrangiertes Farbenregal auch im unteren Bereich gut strukturiert ist.

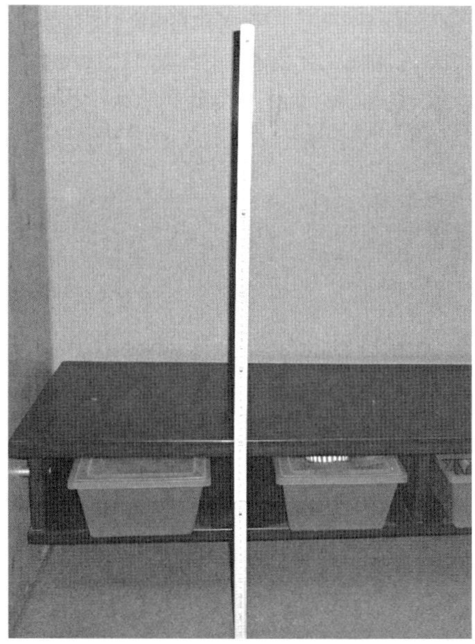

... die Erreichbarkeit des Garderobenhakens gewährleistet ist und die Perspektive nicht an der „Wand" endet.

Erweiternde Materialien zur Raumerkundung runden das Raumerkundungsbuch ab:

- Eine **Gebrauchsanleitung** zum Raumerkundungsbogen gibt eine paar Tipps zum Vorgehen.
- Des Weiteren finden Sie zum Einstieg in die Safari durch Ihre Räume die Anregung für einen **Team-Workshop**, der an Ihrem eigenen Raumerleben anknüpft und der eigentlichen Raumerkundung vorangehen kann.
- Sie finden ferner Impulse für die Reflexion für Kinder ab dem **Krabbelalter**, falls Ihre Tageseinrichtung auch Kinder unter zwei Jahren aufnimmt. Das Raumerkundungsbuch ist somit auch nutzbar für Kinderkrippen.
- Da es um das Wohl aller Kinder geht, ist in der **Altersmischung** auch zu überlegen, wie die Bedürfnisse der mittleren und großen Kinder in der Raumgestaltung zum Tragen kommen. Hierzu gibt es ebenfalls Impulsfragen.
- Wichtigste Parameter für eine **Sicherheitsbegehung** der Tageseinrichtung.
- Zu Ihrer Vor- oder Nachbereitung finden Sie den Artikel **„Perspektivenwechsel: Gullivers Reisen in der Tageseinrichtung"**, der das Raumerkundungsbuch theoretisch erläutert und Erfahrungen damit wiedergibt.
- Ein weiterer Artikel **„Zukunft kann man bauen, indem wir Räume bilden, die bilden"** beschäftigt sich grundlegend mit der Rolle von Raumgestaltung in Wechselwirkung mit der Selbstbildung des Kindes und gibt Handlungsempfehlungen für die weiteren Schritte.
- Literatur zum Weiterlesen

Kariane Höhn
Angelika Kercher

Das Raumerkundungsbuch in der Anwendung

Dauer: Nehmen Sie sich insgesamt etwa 2½ Stunden Zeit:
- 15–20 Minuten für Einlesen und Besprechen der 9 Themen und der Impulsfragen,
- 45 Minuten bis 1 Stunde für Ihre Raumerkundung aus Kinderperspektive
- und mindestens 1 Stunde für die gemeinsame Auswertung und Vereinbarung weiterer Schritte mit der Erarbeitung von Prioritäten und Zuständigkeiten.

Tipp: Es empfiehlt sich, Hosen und bequeme strapazierfähige Kleidung und Hausschuhe oder Socken anziehen, da Sie auf Knien (in 80 cm Höhe) unterwegs sein werden.
Rollbretter oder Blumenuntersetzer auf Rollen oder auch besonders kleine Schemel erleichtern das Einnehmen der Kinderperspektive.

Und so geht es:

An der Wand lehnt ein Meterstab, der die Körpergröße von 2-jährigen Kindern markiert: ca.80 cm (= Augenhöhe des Kindes!).

Alle gehen **auf die Knie** und bringen sich auf die Augenhöhe von Zweijährigen.

Zwei Möglichkeiten der inhaltlichen Umsetzung der Raumerkundung:

1. **Sie erkunden alle die ganze Tageseinrichtung mit allen Räumen und ihrer Ausstattung und vergleichen anschließend Ihre Eindrücke:**

   Sie beginnen am besten am Eingang, wie die Kinder täglich die Tageseinrichtung betreten.

2. **Sie gehen arbeitsteilig vor,** d. h., Sie legen Bereiche fest, die von jeweils einer oder zwei Kolleg(inn)en erkundet werden. Dabei empfiehlt sich, das Distanzgefühl („Blick von außen") zu nutzen: Erkunden Sie vorrangig Räume oder Bereiche, für die Sie nicht zuständig sind.

Sie nehmen auf Ihre Raumsafari stets das Raumerkundungsbuch mit und notieren unterwegs unmittelbar Ihre Eindrücke zu den verschiedenen Aspekten.

Tipp:

Der beste Erkenntnisgewinn entsteht durch den Blick von außen!

Kooperieren Sie mit einer anderen Tageseinrichtung, die vor derselben Herausforderung steht wie Sie, und erkunden Sie gegenseitig Ihre Räume!

Die gemeinsame Auswertung ermöglicht Ihnen, aus den Erfahrungen und Ideen anderer zu lernen und Vorschläge für die eigene Gestaltung zu bekommen.

Der Erziehungswissenschaftler R. Dollase[1] empfiehlt:

„Kollege/Kollegin besucht Kollege/Kollegin"

Bei wechselseitigen Hospitationen kann man sich die „besseren" Verhaltensweisen des/der Kollege/Kollegin aneignen, Vergleiche zur eigenen Praxis besser ziehen, die Diskrepanz zwischen Verbalisierung und Verhalten direkt minimieren.

In einem solchen Programm sieht er die Möglichkeit, „die Diffusionsgeschwindigkeit optimaler Lösungen zu erhöhen".

Rückmeldungen in wertschätzender Form erleichtern das Vorhaben!

1. Rainer Dollase: „Selbstoptimierungsaufgaben der Praxis in der Tagesbetreuung kleiner Kinder", S. 142/143, in Ahnert, Lieselotte (Hrsg.): Tagesbetreuung für Kinder unter 3 Jahren, Theorien und Tatsachen, Bern,Verlag Hans Huber, 1998.

Impuls für einen Team-Workshop zur Raumgestaltung für Kinder unter 3 Jahren

Räume wirken stumm, aber nachhaltig
Über dieses Zitat sind wir mit Ihnen in das Raumerkundungsbuch inhaltlich eingestiegen.

Was wirkt stumm und nachhaltig?
Was beeinflusst uns bei der Wahrnehmung der Qualität eines Raumes?
Was macht aus, dass ich mich wohl oder unwohl fühle?

Diese Fragen geben wir Ihnen für Ihren Team-Workshop mit auf den Weg und empfehlen Ihnen das folgende Vorgehen:

1. Denken Sie an einen Raum, in dem Sie sich besonders wohl fühlen.
   Notieren Sie einzeln max. 5 Gründe (je einen pro Metaplankarte), warum Sie sich dort gern aufhalten.
   Tauschen Sie sich im Team über Ihre Gründe aus, indem Sie Ihre Karten sortiert aufhängen und vergleichen.

2. Gehen Sie in den Raum in Ihrer Tageseinrichtung, in dem Sie sich am wohlsten fühlen.
   Notieren Sie wieder max. 5 Gründe, warum Sie gerne hier sind.
   Vergleichen Sie Ihre verschiedenen Ergebnisse untereinander und mit den Ergebnissen zu Frage 1.
   Stellen Sie daraus Kriterien für Wohlbefinden in Räumen zusammen.

3. Suchen Sie sich den Raum Ihrer Tageseinrichtung aus, für den Sie am meisten Veränderungsbedarf empfinden.
   Notieren Sie den Veränderungsbedarf unter Anwendung der von Ihnen gemeinsam entwickelten Kriterien für Wohlbefinden im Raum.

4. Diskutieren Sie Ihre Ergebnisse vor dem Hintergrund der erarbeiteten Aspekte zum Wohlbefinden im Raum und entscheiden Sie, was Sie als Erstes verändern möchten.
   Legen Sie dabei Termine und Zuständigkeiten fest.

   Kombinieren Sie diesen Arbeitsschritt ggf. mit der Durchführung der Raumerkundung. Fotos aus der 80-cm-Perspektive können eine Erweiterung Ihrer Raumeindrücke sein.

Die folgende Sammlung kann Ihnen als Impuls zur Erarbeitung der Kriterien für Wohlbefinden dienen:

Objektive Aspekte der Raumwirkung, die Raumqualität ausmachen

Natürliche und künstliche Belichtung

Schall, Akustik

Belüftung, Luftwechselrate

Raumtemperatur, Regulation der Raumtemperatur

Oberflächenstruktur an Wand und Fußboden

Farbwahl und Struktur

Beziehungen von Tür bzw. Türen, Fenstern
und resultierende Zonierungen des Raums

Beziehung des Raums zu anderen Räumen und zur Verkehrsfläche, Erreichbarkeit des Raums

Lichte Höhe des Raums

Funktion des Raum ist erkennbar

Möblierung passt zur Kubatur des Raums u n d seiner Funktion

Sauberkeit

Subjektive Aspekte der Raumwirkung, die Raumqualität ausmachen

Ästhetik

Dichte von Möblierung, Lage von Möblierung

Farbwahl, Materialwahl, Kombination von beidem

Überblicke, Einblicke, Ausblick

Kann ich in dem Raum uneingeschränkt der Tätigkeit nachgehen, für die er vorgesehen bzw. vorbereitet ist?

Welche Botschaften übermittelt mir der Raum über seine Wirkung?

Raumerkundung – auf Augenhöhe von Kindern

Schwerpunkt: Zweijährige in der Altersmischung

Themen

Orientierung und Halt

Primäre Bedürfnisse

Bewegung

Sinne und Wahrnehmung

Spielen und Erforschen

Sprache und Literacy

Partizipation

Außenspielbereich

Gestaltung von
Erziehungspartnerschaft

Thema:

1. Orientierung und Halt

Kann ich meine Bezugserzieherin aus allen Spiel-/Tätigkeitsbereichen sehen und leicht aufsuchen?

Augenmerke:

Blick frei und nicht durch Raumteiler oder Tücher verstellt bzw. verhängt?

Zurückhaltende Dekoration zugunsten „Durchblick"?

Einladender Ort auch für Körperkontakt mit Erzieherin?

Kann ich mich orientieren, selbstständig und selbsttätig sein?

Augenmerke:

z. B. visuelles Leitsystem über Farben oder Symbole in Kinderaugenhöhe?
Türausschnitte, Raumeinblicke?

Kann ich erkennen, dass ich dazugehöre? Wo und wie kann ich das erreichen, was zu mir gehört?

Augenmerke:

z. B. Eigentumsfächer?

z.B. klar erkennbarer eigener Haken mit Bild und Namenszug?

z.B. erreichbarer Platz für Übergangsobjekt, Schätze?

Das fällt mir bei der Erkundung aus Kinderaugenhöhe auf:	Weitere Schritte:

Carl Link Verl.-Nr. **2477.602** - Art.-Nr. 01969000 - 09/11 -
Höhn/Kercher, Raumerkundungstagebuch

Thema:

2. Primäre Bedürfnisse

2.1 Wickeln/Toilette/Sauberkeitserziehung

Ist der Sanitärbereich gut erreichbar, ansprechend gestaltet und gegliedert?

Augenmerke:

Gute Belüftung, ansprechende Beleuchtung?

Verschieden hohe Waschbecken und Spiegel?

Tiefe des Waschbeckens? Erreichbarkeit des Wasserhahns?

Höhe der Wasserhähne? (Fließt Wasser in den Ärmel?)

Verschieden hohe Toiletten?

Nicht einsehbare Duschgelegenheit?

Bodeneinlauf für Wasserspiele?

Ist der Wickelbereich abgegrenzt und ermöglicht Selbstständigkeit und Intimität?

Augenmerke:

Sichere Aufstiegshilfe auf die Wickelfläche?

Gute Erreichbarkeit von Wechselwäsche, Wasser und geruchsdichtem Mülleimer?

Das fällt mir bei der Erkundung aus Kinderaugenhöhe auf:	**Weitere Schritte:**

Thema:

2.2 Essen

Habe ich die Möglichkeit, selbstständig und in Ruhe zu essen und zu trinken?

Augenmerke:

Lage Essplatz: gut für mich als 2-Jährige(r) erreichbar? Ruhig und doch offen?

Geeignet als Treffpunkt und Rückzugsort für Kleine?

Geeignete Stuhl- und Tischhöhe?
Ermöglicht Geschirr und Besteck Selbsttätigkeit?

Mitwirken beim Auf- und Abdecken möglich?
Mitwirken bei der Essensvorbereitung möglich?

2.3 Ruhe/Rückzug und Schlafen

Gibt es im Raum Angebote des Rückzugs, die eine Beobachterposition oder Ruhen ermöglichen („Inseln“)?

Augenmerke:

Podeste, Kisten, Körbchen, Sitzsack?

Gibt es die Möglichkeit zum individuellen Schlafen zu jeder Zeit?

Augenmerke:

Raum bzw. Bereich, der nicht doppelt genutzt wird?

Vorbereitetes Bett/Matratzen/Körbchen mit eigenem Bettzeug?

Das fällt mir bei der Erkundung aus Kinderaugenhöhe auf:	Weitere Schritte:

Thema:

3. Bewegung

Habe ich Platz für mein Bewegungsbedürfnis?

Finde ich vorbereitete, entwicklungsgerechte Bewegungsherausforderungen?

Augenmerke:

Raumanteil unmöblierter Bodenfreiflächen?

Lage der Bewegungsflächen im Haus?
Sichere Erreichbarkeit für 2-Jährige(r)?

Anregung elementarer Bewegungs- und Raumerfahrungen wie:

Tragen, ziehen, schieben?

Hängen, schaukeln, schwingen?

Rutschen, drehen, wälzen, rollen?

Werfen, fangen?

Balancieren?

Klettern?

Durchkriechen?

Bewegungsbaustelle zum selber Handeln?

Möbel zum Umfunktionieren?

Verschieden große Kartons zum Stapeln oder Sichverstecken?

Röhren zum Rollen, Ineinanderstecken und Durchschauen?

Das fällt mir bei der Erkundung aus Kinderaugenhöhe auf:	Weitere Schritte:

Thema:

4. Sinne und Wahrnehmung

Wo und wie werden alle meine Sinne angeregt?

Augenmerke:

Tasten: verschiedene Oberflächen, Materialien für das Tasten mit Händen und Füßen?

Sehen: versch. Lichtquellen und Helligkeiten, Farben, Spiegel, Prismen?

Riechen: Riechsäckchen, Kräuter?

Hören: Windspiel?
Möglichkeiten, selbsttätig Klänge und Geräusche zu erzeugen?

Eigenständiger Zugang zu Wasser und Sand im Innenbereich?

Bohnenbad oder Vergleichbares?

Das fällt mir bei der Erkundung aus Kinderaugenhöhe auf:	Weitere Schritte:

Thema:

5. Spielen und Erforschen

Wo und wie habe ich als 2-Jährige(r) selbstständigen Zugang zu anregendem Spiel- und Forschungsmaterial?

Augenmerke:

Nicht aufeinandergestapeltes Spielmaterial?

Transparente Behälter?

Tabletts mit Forschermaterial?

Wo finde ich Bereiche zum konzentrierten Tätigsein?

Augenmerke:

Arbeitsplätze in geeigneter Höhe?
z. B. mit höhenverstellbaren Tischbeinen?

Kleine Spielteppiche, um allein oder zu zweit forschen zu können?

Welche Materialien zum Spielen und Forschen finde ich?

Augenmerke:

Materialien mit vielfältigen Einsatzmöglichkeiten, z. B. Tücher zum Verkleiden, Verstecken, Zudecken?

Alltagsmaterialien, z. B. Trichter?
Naturmaterialien?

Materialien zum Sortieren und Konstruieren?

Vielfältige und strukturiert präsentierte Materialien zum Gestalten?

Kostenfreies Material: Riesenkartons für Höhlen, zum Kippen und Schieben?

Das fällt mir bei der Erkundung aus Kinderaugenhöhe auf:	**Weitere Schritte:**

Thema:

6. Sprache und Literacy

Werden mir Schriftbilder und Zeichen nahegebracht?

Augenmerke:

Beschriftungen/Bildzeichen/Ziffern für ausgewählte, für mich bedeutsame Gegenstände, z. B. Teller

Konsequente Beschriftung mit meinem Namen an Eigentumsfach, Zahnbecher u.ä.

Erreichbare Präsentation von Familienbuch, Projektbuch, Portfolio, zu dem ich einen Bezug habe?

Sind Bilderbücher und Sachbücher übersichtlich präsentiert und für mich gut erreichbar?

Augenmerke:

Präsentation von Büchern: senkrecht angeordnet? Titelseiten sichtbar?

Themenbezogene Buchpräsentation?
Einladende Leseatmosphäre für Groß und Klein?

Welche Möglichkeiten zum Rollenspiel finde ich vor?

Augenmerke:

Alltagsgegenstände aus verschiedenen Kulturen, aus Haushalt und Beruf?

Transportmöglichkeiten wie Taschen und Wägelchen?

Verschiedene Tücher, z. B. Leoparden-, Tigermuster? Tüll?

Das fällt mir bei der Erkundung aus Kinderaugenhöhe auf:	Weitere Schritte:

Thema:

7. Partizipation

Ist die Möblierung so gestaltet, dass ich teilhaben kann?

Augenmerke:

Sitzhöhe und -tiefe?

Verhältnis von Stuhl- und Tischhöhe?

Erreichbarkeit von Garderobenhaken?

Podeste in der Küche?

Eigenes Bodenkissen und fester Platz in der Kinderrunde?

Wie gut kann ich die Präsentationen und meine Produkte wahrnehmen und erfassen?

Augenmerke:

Bilder und Fotos in Kinderaugenhöhe oder auf dem Boden?

Präsentation in Rahmen oder laminiert?

Bruchsichere Vitrinen?

Carl Link Verl.-Nr. 2477.602 - Art.-Nr. 01969000 - 09/11 -
Höhn/Kercher, Raumerkundungstagebuch

Das fällt mir bei der Erkundung aus Kinderaugenhöhe auf:	Weitere Schritte:

Thema:

8. Außenspielbereich

Finde ich draußen andere Anregungen als drinnen?

<u>Augenmerke:</u>

Verschiedene Fahrzeuge?

Sachen zum Transportieren und Schieben?

Verschiedene Materialien wie Sand, Kies, Mulch?

Einfache Sandspielzeuge und Alltagsgegenstände?

Gibt es für mich Plätze zum Innehalten?

<u>Augenmerke:</u>

Kleine Bank, die Körperkontakt zur Erzieherin ermöglicht?

Podest, Hügel?

Kleines Zelt oder Spielhütte?

Regt das Außengelände viele Sinne und Bewegungsmöglichkeiten an?

<u>Augenmerke:</u>

Pflanzen zum Riechen und Probieren, z. B. Minze?

Gelegenheiten zum Schaukeln, Klettern, Balancieren?

Das fällt mir bei der Erkundung aus Kinderaugenhöhe auf:	Weitere Schritte:

Thema:

9. Gestaltung von Erziehungspartnerschaft

Sind Informationen für Eltern gut strukturiert und gut sichtbar?

Augenmerke:

Unterscheidung in grundsätzliche und tagesaktuelle Information?

Brett des Elternbeirats?

Ist ein Platz für den begleitenden Elternteil für die Zeit der Eingewöhnung vorbereitet, z. B. Eingewöhnungssessel?

Ist Raum und Zeit für den täglichen Übergang zwischen Familie und Tageseinrichtung vorbereitet?

Augenmerke:

z. B. bequemes Sofa im Eingangsbereich?
Wickeldokumentation und Übergabebüchlein?

Das fällt mir bei der Erkundung aus Kinderaugenhöhe auf:	Weitere Schritte:

Impulsfragen für Krabbelkinder

Im Folgenden haben wir für Kinder unter 2 Jahren weitere Erkundungsdimensionen zusammengestellt mit dem Ziel, Ihr Augenmerk auf die nochmals veränderten Anforderungen an die Ausgestaltung von Bildungsräumen für Krabbelkinder und Kinder, „die ins Laufen kommen", zu lenken.
Mit dieser Erweiterung kann das Raumerkundungsbuch auch in Kleinkindgruppen und Krippen umfassend eingesetzt werden.

Was nimmt ein Kind aus der Krabbelperspektive vom Raum wahr?

- Welche sinnlichen Reize sind im Raum, die liegend und kriechend wahrgenommen werden können?
- Wie sind die Bodenflächen ausgestaltet? Welchen Belag haben sie? (Wärme, Sinnesanregung ...)
- Besteht Zugluft am Bodenbereich?
- Wie riechen die Böden?

Wie übersichtlich stellt sich der Raum dar?

- Gibt es ausreichend geschützte Bodenflächen zur eigenständigen Bewegung für rollende, robbende und krabbelnde Kinder?
- Wie sind die Flächen an sich geschützt und stehen dennoch in Bezug zum gesamten Geschehen?

Wie ist im Außenbereich ein Terrain für „Roll- und Krabbelkinder" ausgestaltet?

- Bestehen gefahrenfreie Möglichkeiten zum Hochziehen und ggf. Entlanggehen?

Welche sinnlichen Reize bzw. Elemente sind für Kinder, die sich im Bodenbereich liegend und krabbelnd aufhalten, gezielt vorbereitet?

- Wie ist der Lichteinfall, der Ausblick aus dem Raum, die Beschaffenheit der Wandoberflächen? Welche Rolle spielen z. B. Spiegel, Prismen u. a. dabei?

- Sind Spiegel und Bilder auch auf der Bodenfläche und über der Sockelleiste angebracht?

- Sind anregende Spielmaterialien im Bodenbereich ohne Hindernis verfügbar?

Ist ein abgeschlossener Schlaf- und Ruhebereich gegeben, der es ermöglicht, den eigenen Schlafrhythmus zu leben?

- Wie ist dieser Schlafbereich im Blick/in Hörweite von Erzieherinnen, um das individuelle Ruhen zu ermöglichen?
- Besteht die Möglichkeit, vor der Witterung geschützt auch im Garten/Außenspielbereich zu schlafen?

Ist der Essplatz so ausgestaltet, dass Kleinstkind und Erzieherin ungestört in Kontakt sein können?

- Besteht am Essplatz die Möglichkeit, beobachtend teilzuhaben?

Besteht ein Bereich im Gruppenraum, der Kleinstkind und Erzieherin einlädt, gemeinsam innezuhalten, das Treiben der anderen gemeinsam zu verfolgen?

- Gibt es die Möglichkeit für gemeinsame Körpernähe zwischen Kleinstkind und Erzieherin, z. B. auf einem bequemen, niedrigen Sessel, einem „Lager", einem großflächigen, aber niedrigen Podest mit Kissen?

Weitere Impulsfragen für die Ausgestaltung von Räumen für Krabbelkinder finden Sie unter:

Pädagogische Qualität in Tageseinrichtungen für Kinder – Ein nationaler Kriterienkatalog

KRIPS, Krippen-Skala

Weiterführende Informationen hierzu entnehmen Sie der Literaturempfehlung auf S. 47.

Impulsfragen für Kinder ab 3 und älter

Im Folgenden haben wir für Kinder über 3 Jahren weitere Erkundungsdimensionen zusammengestellt mit dem Ziel, Ihr Augenmerk auf die nochmals veränderten Anforderungen an die Ausgestaltung von Bildungsräumen für Kinder in der Zeit vor dem Eintritt in die Schule zu lenken.
Das Raumerkundungsbuch erfährt damit eine Erweiterung für die Raumgestaltung in altersgemischten Häusern mit einer deutlichen Binnendifferenzierung von Funktionsräumen bzw. Bereichen.

Bestehen Bereiche, die von Erzieherinnen nicht einsehbar sind und zum Rückzug, zum Entspannen einladen?

Bestehen Räume, die Kindern nach Regeln, die allen transparent und nachvollziehbar sind, selber nutzen können?

(z. B. mithilfe von „Werkstattführerschein" oder „Gartenpass"?)

Bestehen Bereiche oder/und gibt es Materialien, die für Kinder unter 3 Jahren nicht zugänglich sind?

(z. B. Schutz von Gebautem?)

Bestehen Bewegungsbaustellen und Herausforderungen, die altersentsprechend sind und ggf. räumlich für ältere Kinder gesondert ausgewiesen sind?

Bestehen Werkstätten, Labors o. Ä., in denen Apparate, Versuchsanordnungen, Werkzeuge, Maschinen u. Ä. vorbereitet sind, die sich gezielt an das Forscherinteresse der Kinder ab 4 Jahre richtet?

Sind Medien wie Bücher, CDs, ein PC, Musikanlage sowie Impulse zur Erweiterung der Literacykompetenz wie Schreibwerkstätten, Stempel, Nachschlagewerke mit Schriftzeichen u. Ä. zur selbstständigen Nutzung vorbereitet?

Besteht die Möglichkeit für Kinder ab 4 Jahren, Videokamera und Digitalkamera in Begleitung mit Erwachsenen zu verwenden und selber Beobachtungen einzufangen?

Besteht die Möglichkeit, die Bilder und Filme gemeinsam weiterzubearbeiten?

Sind z. B. in größeren Häusern Rollenspielbereiche für verschiedene Altersgruppen ausgewiesen?

**Bestehen im Außenspielbereich Zonen zum Rückzug,
Zonen für anspruchsvollere Klettereien und die Konstruktion von Bewegungsbaustellen, z. B. mit An-/Abfahrtsrampen o. Ä.?**

Weitere Impulsfragen für die Ausgestaltung von Räumen für Kinder im Vorschulalter finden Sie unter:

Pädagogische Qualität in Tageseinrichtungen für Kinder – Ein nationaler Kriterienkatalog

KES-R, Kindergarteneinschätzskala

Forscher, Künstler, Konstrukteure

Weiterführende Informationen hierzu entnehmen Sie der Literaturempfehlung auf S. 47.

Informationen rund um das Thema Sicherheit

Das Raumerkundungsbuch legt seinen Schwerpunkt auf die Nutzung und Nutzbarkeit des durch pädagogische Fachkräfte vorbereiteten Raums.

Sicherheitsfragen haben wir damit bewusst aus dem Raumerkundungsbuch als Vorlage für den Raumdurchgang herausgenommen.
Mit der folgenden Zusammenstellung stellen wir Ihnen die wichtigsten Informationen zur Sicherheit im Bereich der Kindertagesbetreuung zusammen, ohne Anspruch auf Vollständigkeit!
Sie kann Ihnen für einen spezifischen Sicherheitsdurchgang mit Relevanz für die Kinder durch Ihre Tageseinrichtung hilfreich sein.

1. Die wichtigsten Sicherheitsanforderungen im Überblick

GUV-VS2 ist am 1. April 2009 in Kraft getreten.

Sie wird ergänzt durch die GUV-SR S2
Download *www.dguv.de*

Weiterführende Informationen erhalten Sie bei Ihrer zuständigen Unfallversicherung.

2. Die wichtigsten Maßnahmen in der Umsetzung von Sicherheitsanforderungen im Überblick

Fenstergriffe, die abschließbar oder über einen Druckknopf schwer zu entsichern sind.

Höhe der **Türgriffe** wie im Behindertenbereich.
Türgriff so beschaffen, dass kein Einklemmen oder Festhängen möglich ist, also sich wieder zur Tür hin schließende Griffe.

Beachtung des **Splitterschutzes** von bodentiefen Scheiben oder Fenstern und Festverglasungen, die durch die Kinder erreichbar sind (2 Meter Höhe; ESG- und VSG-Normen beachten).

Sichtbarmachen von bodentiefen Verglasungen.

Griffschutz bodentief möglichst an allen Türen, verbindlich an Stahltüren und Türen mit Oberschließer.

Absicherung von **Treppen**, Aufstiege auf zweite Ebenen u. Ä., ggf. durch Türgitter bei Kinder deutlich unter 3 Jahren sichern.
Absturzsicherungen von Höhenunterschieden unter 1 Meter können Barrieren, Schutzstreifen u. a. sein; über 1 Meter sind Umwehrungen auszugestalten, die nicht zum Überwinden, Rutschen u. a. einladen.

Sichtbarmachen von Schwellen, Podestkanten u. a. z. B. über Farbwahl, Klebestreifen, rutschhemmende Streifen u. a.
Höhe das **Handlaufs** in Krippen 60 cm, in altersgemischten Tageseinrichtungen 70 cm;

bei verschiedenen Höhen von Handläufen auf die Gefahr des Übersteigens achten, wenn der Handlauf nicht an der Wandseite entlang geht, sondern am Treppenauge.
Handlauf ist am Abschluss nach innen zu führen um Verletzungen zu vermeiden.

Türen sollen eine Durchsicht/Ausschnitt aufweisen, um Kinder, die hinter der Tür sitzen, nicht zu gefährden.

Möblierung, insbesondere Stühle und Betten, müssen stand- und kippsicher sein.

Kleinteiliges Spielmaterial wie Perlen, Spielfiguren, Legeplättchen u. Ä. sind unbedenklich, wenn sie n i c h t in ein Filmdöschen passen (Durchmesser 2 cm).

Lichte Weite an Treppenstufen, Podestlandschaften u. Ä., max. 8,9 cm.

Lichte Weite bei **Stabgeländern** oder Absturzsicherungen auf 2. Ebenen max. 8,9 cm.

Absturzsicherung bei Wickelbereich mit einer Aufkantung von mind. 20 cm vorsehen; ideal jedoch Wickelbereich in einer Nische einbauen bzw. zur Wand hin orientieren; sich aufrichtende Kindern sind geschützter.
Die Arbeitsorganisation sollte so möglich sein, dass kein Entfernen der Betreuungsperson zu Wasser, Material, Kleidung, Müll u. a. notwendig ist.

Wassertemperatur an Entnahmestellen, die Kinder selber bedienen können, dürfen nicht mehr als 43 °C haben.

Auf Absicherung von **Steckdosen** achten und dabei im Blick haben, dass Verlängerungskabel (!) in der Regel die Gefahr darstellen; ggf. Verlängerungskabel mit Sicherung kaufen.

Beim Einsatz von **Lichterketten** auf Beschaffenheit von Kabel und Leuchtkörper achten.

Bis auf eine Höhe von 2 Metern ist ein **Abrundradius** von 2 mm an Möbeln, Wandscheiben, Säulen u. Ä. vorzusehen; Oberflächen glatt und wo erforderlich entgratet gestalten.

Feuchtbiotope, Teiche u. Ä. sind mit einer nicht übersteigbaren Umwehrung von mind. 1 Meter zu sichern.

Einfriedungen müssen mind. 1 Meter hoch sein.

3. Aspekte aus dem vorbeugenden Brandschutz für Tageseinrichtungen mit Kleinkindbetreuung

Grundsätzlich müssen zwei bauliche Rettungswege gegeben sein.

- Ein sog. Rückzugraum ist unter Beteiligung des vorbeugenden Brandschutzes auszuweisen; von dort aus sind Kinder unter 3 Jahren und Kinder mit Beeinträchtigung mit ihren Betreuungspersonen zu retten.
- Bei der Planung von Schlafräumen, in denen viele kleine Kinder schlafen, bietet sich an, diesen mit der o. a. Anforderung eines Rückzugsraums zu kombinieren, da Kinder aus einer Ruhe- bzw. Schlafposition heraus besonders schwer zu retten sind.

Perspektivenwechsel – Gullivers Reisen in der Tageseinrichtung

Räume für Kinder bilden wir aus unserer Perspektive als Erwachsene. Wo bleibt die Perspektive der Kinder? Wie oft nehmen wir andere Perspektiven ein, um Neues zu entdecken, Bestehendes zu prüfen, blinde Flecken in den Blick zu nehmen?

Erzieher(innen), die in die Arbeit mit unter dreijährigen einsteigen, sprechen schon mal davon, dass »Die Zwerge kommen!«, Fachberatungen schreiben Fortbildungen z. B. mit Titeln wie »Ran an die Knirpse!« aus.

Beide Begriffe, humorig gemeint, spielen auf die Körpergröße dieser Altersgruppe an: sie sind einfach deutlich kleiner als die (meisten) Kindergartenkinder. Das ruft Assoziationen von niedlich und schnuckelig hervor, zumal das Kindchenschema bei den Jüngsten ja noch deutlich zu erkennen ist: der verhältnismäßig große Kopf mit großen Augen und die noch relativ kurzen Beine und Arme.

Dass damit ein hartes Leben in der Welt der Erwachsenen und auch in der von Erwachsenen gestalteten Welt der Tageseinrichtungen verbunden sein kann, ist Thema dieses Beitrags.

Können wir uns vorstellen, wie es einem Kind von bis zu einem Meter Körperlänge in unseren Räumen geht? Wie wirken unsere Räume auf Wohlbefinden und Selbstbildungsmöglichkeiten der Jüngsten?

Wie können wir als pädagogische Fachkräfte unsere Wahrnehmung schärfen und die Raumqualität einfühlsamer auf die Voraussetzungen und Entwicklungsbedürfnisse der körperlich Kleinsten abstellen?

Diese Fragen lohnen sich nicht nur für Erzieher(innen), die Zweijährige im Kindergarten aufnehmen (werden), sondern auch für gestandene Krippenfachkräfte, die damit eventuelle blinde Flecken in ihrer Arbeit erkennen können.

Wie wirken Räume auf Erleben und Wohlbefinden?

Räume wirken stumm, aber nachhaltig. Je kleiner die Kinder sind und je weniger noch die sprachliche Verständigung ihr Handeln beeinflusst, desto unmittelbarer wirkt ihre Umgebung auf sie. Stanley Hall sprach in den 60er-Jahren anschaulich von der »Sprache des Raumes«. Ein Raum »sagt« uns indirekt, was er vom Benutzer erwartet, er schreibt auch indirekt vor, was der Benutzer tun soll. Hierzu ein paar Beispiele, die uns Erwachsenen diesen Gedanken im eigenen Alltag verdeutlichen:

Der Raum und seine Ausstattung teilen mir auf unmittelbar zu fühlende Weise mit,

- ob ich erwünscht bin (man denke an kahle Warteräume in Behörden),
- ob meine Bedürfnisse und meine Teilhabe interessieren (man denke an schlechte oder fehlende Wegweiser in öffentlichen Gebäuden und an schwer zu beherrschende Ticketautomaten, für Rollstuhlfahrer nicht erreichbare Räume und Klingelknöpfe ...),
- was von mir erwartet wird (man denke an funktional oder streng ausgestattete Arbeits- oder Unterrichtsräume, die zum Beispiel schon über die Art der Sitzmöbel klar signalisieren: hier wird nicht gefaulenzt, es geht nicht um Wohlfühlen).

Der Begründer der Reggio-Pädagogik, L. Malaguzzi, bewertete die Wirkung von Räumen so stark, dass er sie sogar als »dritten Erzieher« bezeichnete.

Räume »bestimmen Erfahrungsmöglichkeiten, und Erfahrungen lenken die Aneignung von Räumen«, »frühe räumliche Beziehungen sind für die Entwicklung eines Selbstbildes entscheidend.«, stellt K. Schneider (Deutsches Jugendinstitut) fest.

Von daher ist es überaus wichtig, **die »Sprache« des Kita-Raumes einmal, nein: immer wieder, einer Prüfung zu unterziehen:** Was »sagt« unser Raum den Kleinsten? Welche Art von Aneignung legt unser Kita-Raum nahe? Wohin »erzieht« er sie?

Wie ist der Raum gestaltet: so, dass er »sagt«: Ihr Kleinsten sollt autonom sein können, selbstwirksam handeln und selbstständig teilhaben können am Leben in der Gemeinschaft?

Oder sagt er: Ihr seid zu klein, ihr braucht Hilfe, ihr könnt noch nicht?

Bleibt der Raum nach Aufnahme von Zweijährigen in den Kindergarten im Wesentlichen unverändert, sagt er dann nicht eigentlich: Passt euch an, seht zu, wie ihr klarkommt, hier geben andere den Ton an, ihr seid Anhängsel?

Auf die Knie, Teams!

Besser als alle Erörterungen ist für diese Fragen und deren praktische Konsequenzen die Selbsterfahrung: Wie geht es mir selber damit? Wie kann ich mich am besten an das Erleben der Kleinkinder herantasten?

Eine Idee dazu liefert Jonathan Swifts Klassiker »Gullivers Reisen«. Gulliver geriet auf seinen zahlreichen Schiffsreisen in zwei merkwürdige Länder:

- nach Lilliput, wo Zwerge lebten (die »Lilliputaner«) – dort war er Riese –

und

- nach Brobdingnag, dem Land der Riesen – dort war er ein kleiner Zwerg.

Er hatte in jedem dieser Länder viele aufregende Erlebnisse und machte einschneidende Erfahrungen, die ausführlich geschildert werden. Für die Ausgangsfragen ist das Land Brobdingnag von Interesse: Im Alltag verkörpern wir für kleine Kinder quasi die Riesen: (fast) alles ist groß und auf uns Erwachsene zugeschnitten, die Kinder sind die Zwerge in unserem Land.

Wie mag sich das anfühlen?

Im Stuttgarter Modellprojekt »Integration zweijähriger Kinder in Kindergärten«[1] probierten wir es mit Erzieher(inne)n aus, wie Gulliver **aus der Perspektive von Kleinen Räume zu erforschen**, indem wir mittels Zollstock eine Körperhöhe von einem Meter abmaßen und auf Knien rutschend auf die Reise durch eine Tageseinrichtung gingen, die wir vorher aufrecht besichtigt hatten: Wie wirkten die Räume, die Möbel und Gegenstände darin sowie das Arrangement von Materialien nun auf uns? Inzwischen haben wir dafür ein »Raumbuch« entwickelt (und bereits mit Hunderten von Erzieher[inne]n erprobt), das als Logbuch auf diese Reise mitgenommen und gleich vor Ort mit Notizen gefüllt werden kann. Später werden die Erlebnisse und Erfahrungen zusammengetragen und auf praktische Schlussfolgerungen hin im Team diskutiert.

Erfahrungen und Erlebnisse aus der »Froschperspektive«

Ich habe bisher keine Erzieherin erlebt, die dieses Experiment kalt gelassen hätte, im Gegenteil, oft werden Erlebnisse oft mit hoher Emotionalität geschildert und Erfahrungen präzise beschrieben:

1. Kercher, Angelika, Höhn, Kariane: Integration Zweijähriger in Kindergärten. KiGa 2 Plus – Arbeitshilfe für Leitung und Teams. Kronach, Carl Link, 2006. Ordner mit Loseblattsammlung, CD-Rom, Ergänzungslieferungen., *info@wolterskluwer.de*

- »Die Bilder hängen alle viel zu weit oben, die sieht man als kleines Kind gar nicht richtig! Auch der Geburtstagskalender hängt viel zu hoch.«
- »Die vielen Tische sind wie ein Brett vor dem Kopf, weil die Tischplatte plötzlich in meiner Augenhöhe war. Es war auch so wenig unmöblierte Fläche dazwischen. Ich fühlte mich auf einmal wie eine Gefangene.«
- »Beim Reinkommen in den Raum hatte ich keinen Überblick mehr, mir kam alles ziemlich durcheinander und unstrukturiert vor.«
- »Die Waschbecken sind zu hoch angebracht, dadurch können die Kinder den Hebel der Batterie nicht selbstständig bedienen. Die Hocker vor den Waschbecken sind klein und rutschgefährdet. Aber der Wickeltisch ist gut zugänglich für die Kleinen.«
- »Ich kam an die Spiele im Regal nicht heran. Ich hätte unten ziehen müssen, und alles wäre herausgefallen.«
- »Die Bücher in der Leseecke stehen wie in einer Bibliothek, die kriegt ein kleines Kind schlecht raus, außerdem sieht es nicht das Titelblatt.«
- »Ich hätte mir auf Augenhöhe Wegweiser gewünscht, was mich in jedem Raum erwartet, was man da machen kann oder welche Erzieherin dort ist. Es fehlt bei uns ein visuelles Leitsystem in Kinderaugenhöhe.«
- »Auf den Wickeltisch kann man ohne Hilfe nicht hinauf, er wirkte unerreichbar.«
- »Unsere Hundekörbe mit Decken und Kissen drin wirkten auf einmal nicht hingestellt, sondern sehr einladend.«

»Es war sehr hilfreich, sich in die Rolle der Kinder zu versetzen und so aus einem ganz anderen Blickwinkel die verschiedenen Bereiche zu erkunden. Wir fanden sehr schnell heraus, was aus Kindersicht wichtig ist.« Für eine Erzieherin war ein besonderes Erlebnis: »Kinder fragten, was ich tue, sind mir gefolgt und haben mir gezeigt, was sie in welchen Ecken tun, und damit auch, was ihnen gefällt und nicht gefällt!«

Im Vorteil sind Fachkräfte, die neu in der Tageseinrichtung sind: »Bei der Raumerkundung war unsere Vertretungskraft dabei. Da sie erst seit einigen Wochen bei uns arbeitet, sah sie viele Dinge noch unbefangen und teilweise kritischer. Dies erlebten wir als Bereicherung.«

Eine Möglichkeit, ohne »Betriebsblindheit« zu Ergebnissen zu kommen, könnte also sein, dass Teams gegenseitig ihre Einrichtungen erkunden. Dabei fallen nicht nur Verbesserungspotenziale auf, sondern ebenso gute Lösungen, auf die man vielleicht selbst noch nicht gekommen ist. Eine solche kollegiale Beratung vervielfacht nach Ansicht des Erziehungswissenschaftlers Dollase die Innovationsgeschwindigkeit von Einrichtungen, denn: einmal gesehen, erspart 1000 Worte.

»Gestaltung von Räumen ist ein integraler Bestandteil pädagogischen Handelns.« (M. Urban TPS 3/1998) Ziel muss dabei immer sein, Kindern Eigenverantwortlichkeit, Selbstwirksamkeit und autonomes Handeln und Lernen sowie Partizipation zu ermöglichen. Schon während der Reise durch die Tageseinrichtung und bei der Auswertung entstehen dafür oft spontane Ideen für Veränderungen:

»Der Wickelplatz ist zwar bei uns für die Kinder selbstständig erreichbar, aber vor den Waschbecken wären Podeste in verschiedener Höhe ideal.«

»Fotos von Eltern, Geschwistern und sonst wichtigen Personen fehlen in Kinderaugenhöhe, die werden wir in der Leseecke anbringen. Wir werden an der Wand ein großes Stück Filz befestigen, die Fotos laminieren und mit Klettband versehen. So kann jedes Kind seine Bilder immer wieder abnehmen und anschauen.«

Viele von uns fachlich bei der Aufnahme von Kleinkindern begleitete Teams krempelten nach der Erforschung der Tageseinrichtung sofort die Ärmel auf und überlegten systematisch weiter. Sie strukturierten ihre Räume entwicklungsgerechter um und arrangierten Materialien neu, damit auch die Kleinsten sich besser orientieren, Spielbereiche selbstständig finden und am Alltag voll teilhaben können.

Fazit einer Fachkraft, deren Team das Raumbuch anwandte: »Es war sehr positiv, dass alle Erzieherinnen in unserem Team davon überzeugt waren zu handeln und zu verändern, und ich hatte das Gefühl, dass es jedem Spaß machte, sich einzubringen.«

Raumerfahrung als Mittel der Selbstbildung von Fachkräften

»Ohne das Raumbuch hätte ich mich damit nicht so intensiv auseinandergesetzt«, gestand die Leiterin einer Kleinkindeinrichtung. Das ist, wie die obigen Äußerungen zeigen, ein spannendes Abenteuer – sozusagen eine Raumfahrt – und gleichzeitig ein Mittel der Selbstbildung von Fachkräften, nämlich sich im Sinne des Bildungsbegriffs ebenfalls ein Stück Welt neu oder besser zu erschließen: hier die Welt der Kleinsten.

Unmittelbare Raumerfahrung aus neuer Perspektive – bewusste emotionale und fachliche Verarbeitung der Erfahrung – Raum (um)bilden für die Kleinsten:

Darin drückt sich ein mittelbarer, aber sehr enger Dialog mit den Kleinsten aus. Er stärkt die Bindung zum Kind, weil solcherart einfühlsame Achtsamkeit den Kindern ohne Worte sagt: Wir haben verstanden! Die Signale der Kinder werden immer wieder zeigen, ob sie sich auch richtig verstanden fühlen bzw. was sie brauchen. Durch räumlichen Perspektivenwechsel können Erzieher(innen) von den Kindern lernen. Das heißt im besten Fall: Räume bilden Kinder und Erzieher(innen).

Raumerfahrung auch für Träger?

Die Erkundung qualifiziert auch besser für die Kooperation mit dem Träger: »Wir sind durch die gute Beobachtung und Auswertung auch in der Lage, unseren Träger davon zu überzeugen, dass gewisse Veränderungen notwendig sind und Dinge neu gekauft werden sollten, wie z.B. die Podeste im Badezimmer, eine neue Deckenlampe für den Wickelbereich usw.« Bei kleinen freien Trägern, z. B. in Kleinkindeinrichtungen auf Vereinsbasis und in Elterninitiativen bedarf es aufgrund knapper Finanzen guter Überzeugungskraft. Man könnte sich auch vorstellen, an einem Elternabend mit dem Raumbuch auf Erkundungstour zu gehen.

Fazit

»Gullivers Reisen« in der Kindertageseinrichtung sind ein ausgezeichnetes Mittel, um noch besser die Perspektive des Kindes einzunehmen. Dies ist ein wesentlicher Auftrag aller Bildungspläne an die Fachkräfte. Es lohnt sich also, auf die Knie zu gehen.

„Zukunft kann man bauen"[1] – indem wir Räume bilden, die bilden

Gleich, was man mit ihnen tut: Räume wirken – stumm, aber nachhaltig!

Die Botschaft und Aussagekraft eines Raumes ist nicht zu hören, jedoch zu spüren. Wir erfassen, ob ein uns angebotener Raum einladend ist, uns wörtlich Raum lässt oder uns zurückdrängt oder sogar abschreckt.

Wenn die Wirkung für Erwachsene so maßgeblich ist, wie kommt die unmittelbare „Sprache des Raumes" (vgl. S. Hall) bei (Klein-)Kindern an, die vor allem über ihre Sinne und ihren Körper mit ihrer Umgebung kommunizieren?

„Man kann nicht nicht raumgestalten", formulieren von der Beek u. a. in Anlehnung an Paul Watzlawick! „Egal, was man mit ihnen macht; Räume wirken! Aber kann man Räume wirklich so bilden, dass sie bilden? Wenn Bildung, wie Gerd Schäfer es formuliert, etwas mit Selbsttätigkeit zu tun hat, dann ‚kann man nicht gebildet werden, bilden muss man sich selbst'."[2]

Räume ermöglichen Erfahrungsraum. Von ihrer Beschaffenheit hängt der Grad der Selbsttätigkeit und der Entwicklungsraum für das einzelne Kind ab. „Idealräume", so Roger Prott[3], sind immer einen Schritt voraus und bieten damit dem Kind die Herausforderung zur Entwicklung.

Räume für Kinder geben demzufolge auch Auskunft über die Haltung der erziehenden Personen und deren pädagogisches Selbstverständnis.

Die Auseinandersetzung um den Stellenwert, die Funktion und die Ausgestaltung des Raums waren in jeder Epoche vorschulischer Bildung im Blick – deutlich geprägt durch das vorherrschende „Bild vom Kind" und der Haltung der einzelnen Persönlichkeiten.

Jedes pädagogische Konzept von Fröbel über Montessori bis Reggio, bei Pikler und Hengstenberg, formuliert Anforderungen „an den Raum", die Raumgestaltung und die einzusetzenden Spielmaterialien.

Raum für Selbstbildung durch Raum bilden heißt, **sich dem Zusammenspiel zwischen vorbereiteter Umgebung und dem Selbstbildungsprozess des Kindes stellen.**

Daraus resultiert, so Laewen: „Die Gestaltung der Räume ist eine zentrale Aufgabe von Erziehung als Antwort der Erwachsenen auf die Bildungsbewegung der Kinder. Ohne eine solche Antwort erlischt diese Bewegung, eine ärmliche Antwort enthält den Kindern eine Erfahrung des Formen- und Perspektivenreichtums der Welt vor, eine gelungene Antwort macht diesen Reichtum für ihre Konstruktion verfügbar."[4]

Bei der Raumgestaltung für die Altersmischung von 2 bis 6 Jahren stehen drei Fragen im Mittelpunkt:

1. **Wie können Räume die Bildungsbelange und das Wohl von Zweijährigen berücksichtigen? Was müssen sie kleinen Kindern auf jeden Fall bieten?**
2. **Wie können gleichzeitig die Bedürfnisse der größeren Kinder in der Raumgestaltung zum Tragen kommen?**
3. **Wie kann eine ergonomische, gesunderhaltende Umgebung für Erzieherinnen geschaffen werden, die mit Kleinkindern arbeiten?**

1. Zitat Antoine de Saint-Exupéry.
2. Von der Beek, Buck, Rufenach: Kinderräume bilden, ein Ideenbuch für Raumgestaltung in Kitas, Cornelsen 2007, S. 6.
3. Vortrag am 15.4.2008 im Rahmen der Fachschullehrer(innen)qualifizierung des Kultusministeriums Stuttgart, in Stuttgart-Birkach.
4. Laewen, Hajo in von der Beek u. a.: Kinderräume bilden, ein Ideenbuch für Raumgestaltung in Kitas, Cornelsen 2007. S. 170.

Zu 1.: Wie können Räume die Bildungsbelange und das Wohl von Zweijährigen berücksichtigen? Was müssen sie kleinen Kindern auf jeden Fall bieten?

Kornelia Schneider hat 1989 in ihren „Krippen-Bildern" umfassend herausgearbeitet, welche Antworten Räume auf die Entwicklungsthemen und -bedürfnisse der Kleinen bereithalten müssen:

- Bindung und Halt
- Bewegung und Exploration
- Kommunikation
- Rückzug

Sie fragt: „Welche Bedingungen müssen wir schaffen, dass die Kinder von Anfang an möglichst viel selbstständig tun können?"

Schneider plädiert für **„Raumveränderung statt Beschäftigungsangebot!"**[5], nachdem sie in Projekten festgestellt hat, dass sich mit der Veränderung der Raumgestaltung die Arbeitsweise der Erzieherinnen veränderte: Mit dem Abrücken von rigiden Raumstrukturen hin zur Orientierung an den Aktivitätsbedürfnissen der Kinder wurde auch der Tagesablauf flexibler und mehr Freiraum für individuelle Zuwendung im Umgang mit den Kindern, auch bei Pflegetätigkeiten ermöglicht.

In unserem Projekt „Integration Zweijähriger in Kindergärten" zeigte sich, dass sich mit der Erweiterung des Kindergartens um die Altersgruppe der Zweijährigen auch der Arbeitsplatz der Erzieherin veränderte: Er wurde „bodennäher". Die Anforderung an den körperlichen Einsatz erhöhte sich.

Kornelia Schneider entwickelte vor diesem Hintergrund Leitfragen

- zum Bewegungs- und Rückzugsraum
- zum Raum für eigenes Gestalten, für Umgestaltung und Materialerfahrung
- zu Spiegelerfahrungen
- zum Erfahrungsraum für Erwachsenentätigkeiten.[7]

Sie geben Denkanstöße, Raum nicht als statische, einmal eingerichtete Größe zu verstehen, sondern sich der Aufgabe zu stellen, dass der „optimale" Raum erst in der ständigen Verknüpfung der aktuellen Entwicklungsthemen und -bedürfnisse der (jungen) Kinder entsteht.

Die Herausforderung besteht darin, die o. g. vier Bedürfnisse (Bindung und Halt, Bewegung und Exploration, Kommunikation, Rückzug) umzusetzen und die Verknüpfung mit

- der Struktur von Raum (Grundriss, Bezüge von Tür, Fenster)
- der Ausgestaltung (Oberflächenmaterialien an Boden und Wand, Lichtquellen, Einbauten wie zweite Ebenen, modellierte Höhen)
- der Ausstattung (Möblierung)
- der Auswahl und Präsentation der Bildungs- und Spielmaterialien

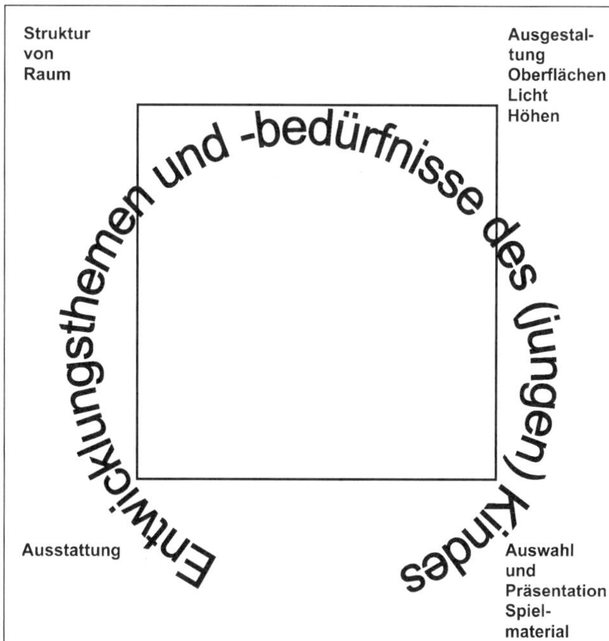

5. Schneider, Kornelia: Krippen-Bilder; Gruppen-Erfahrungs-Spielräume für Säuglinge und Kleinkinder, FIPP Verlag 1989, aktualisiert 1993.
6. Schneider, Kornelia: Krippen-Bilder; Gruppen-Erfahrungs-Spielräume für Säuglinge und Kleinkinder, FIPP Verlag 1989, aktualisiert 1993, S. 21.
7. Vgl. Arbeitsmaterialien unter Kennzahl 40.21.

zu schaffen. Greifen wir das Sprachbild der Quadratur des Kreises auf, folgt die „Quadratur des Raums".

Raumgestaltung ist eine nie abgeschlossene Aufgabe. Sie muss von Fachkräften in der Arbeit mit Kleinkindern als oberste Priorität verstanden werden – ein „Dauerbrenner".

„Ein allgemeines, ein für alle Mal gültiges Modell gibt es nicht." „Immer wieder ist auch neu zu erörtern, ob die bestehende Konzeption einer Einrichtung so bleiben soll oder nicht, ob sie ihren Sinn erfüllt und dazu dient, den Kindern die Voraussetzungen für die gewünschten Entwicklungsmöglichkeiten zu bieten."[8]

Das heißt nicht, ständiges Umräumen, denn das würde kleinen Kindern Halt nehmen, aber Offenbleiben für sich verändernde Bedürfnisse und Umweltbedingungen von Kindern und Eltern und für neue Erkenntnisse über gute Bedingungen für Kleinkinder.[9]

<u>Grundsätzlich muss für die jungen Kinder (unter 3 Jahren) berücksichtigt sein</u>

- viel Bewegungsraum: Freiflächen und Bewegungsherausforderungen durch verschiedenen Höhen, unterschiedliche Bodenmaterialien
- sinnliche Anregungen durch Materialvielfalt, Lichteinfall, Tastmaterialien, Gerüche
- Leitsystem in Kinderhöhe, „überschaubare" Möbel mit Blickkontakt zur Bezugsperson
- Raumgestaltung mit Alltags- und Verbrauchsmaterialien, die viel Raum für Kreativität und Selbsttätigkeit lassen
- angstfreier Zugang zu Spielbereichen insb. Rollenspielbereichen
- Wickelbereich abgegrenzt und ansprechend
- Ruheinseln zum Auftanken
- Mobiliar, das Teilhabe ermöglicht
- ansprechend und übersichtlich präsentiertes Spielmaterial
- Raum für ungestörtes Spiel, ggf. durch zonierte Bereiche.

Diese Anforderungen im Blick, kann die folgende Frage gestellt werden:

Zu 2.: Wie können gleichzeitig die Bedürfnisse der größeren Kinder in der Raumgestaltung zum Tragen kommen?

Das Spannungsfeld, das sich aus den verschiedenen Bedürfnissen ergibt, lässt sich exemplarisch mit den folgenden Beispielen verdeutlichen:

- Kleine brauchen Blickkontakt zur Bezugsperson – Größere brauchen uneinsehbare Bereiche.
- Kleine brauchen viel freie Bodenfläche – Große brauchen „höhere" Bewegungsherausforderungen.
- Kleine brauchen eine am Alltag ausgerichtete vorbereitete Umgebung – Große brauchen Bildungsorte mit Forschungsmaterial, Zerlegewerkstätten.

Von der Beek u. a. führen aus: „Bei genauer Beobachtung der Spielaktivitäten der Kinder und ihrer Gesellungsformen stellt sich heraus, dass sich die Spiele von Zwei-, Fünf- und Achtjährigen so sehr voneinander unterscheiden, dass sie unterschiedliche Räume und Materialien brauchen."[10]

8. Schneider, Kornelia: Krippen-Bilder; Gruppen-Erfahrungs-Spielräume für Säuglinge und Kleinkinder, FIPP Verlag 1989, aktualisiert 1993 S. 20.
9. Schneider, Kornelia: Krippen-Bilder; Gruppen-Erfahrungs-Spielräume für Säuglinge und Kleinkinder, FIPP Verlag 1989, aktualisiert 1993 S. 20.
10. Schneider, Kornelia: Krippen-Bilder; Gruppen-Erfahrungs-Spielräume für Säuglinge und Kleinkinder, FIPP Verlag 1989, aktualisiert 1993 S. 18.

Laewen und Andres haben mit ihren Ausführungen zum Bildungsauftrag entscheidende Impulse für die Ausgestaltung von sog. Bildungsinseln für Kinder ab 3 Jahren gesetzt. Eine Vielfalt bis dahin eher ungewöhnlicher Materialien zu Selbstbildungsprozessen für Kinder ab drei Jahren hat seither Einzug gehalten: Forscherecken mit Technikschrott, Architekturzeichnungen in der Bauecke, Schreibwerkstätten mit Schriftzeichen, Stempel, Schreibmaschine und PC ergänzen, was schon von jeher gegeben war, wie Holzwerkstätten, Matschbereiche, Kinderküchen u. v. m.[11]

Von der Beek u. a. führen weiter aus, dass eine an den Bedürfnissen aller Kinder in der Altersmischung ausgerichtetes Raumkonzept dann gelingen kann, wenn grundsätzlich die Haltung gegeben ist, in einer mehrgruppigen Tageseinrichtung die herkömmlichen Gruppenräume aufzulösen und durch ein Funktionsraumprinzip zu ersetzen.

Dieses Konzept deckt sich mit den Erkenntnissen aus unserem Projekt.

In unserer weiteren Begleitung von Kindergärten in der Erweiterung hin zu den Zweijährigen hat sich gezeigt, dass ein besonderer Funktionsraum, das „Spatzennest", entsteht.

Das „Spatzennest" ist ein Raum für die Kleinen, der ihnen zur Eingewöhnung und dann als Ausgangspunkt für selbstbestimmte Erkundungen, als Basisstation und als Rückzugsraum dient. Es bietet vor allem Rollenspielmaterial, Tücher, Kissen – Gegenstände, um sich einzurichten, Bücher u. Ä.

Wichtig ist, dass das „Spatzennest" täglich bewusst als Treffpunkt der Kleinen, als spezifischer Ort der Peererfahrung gepflegt wird. Ebenso entscheidend ist, dass der Raum, wie jeder Funktionsraum in den Verantwortungsbereich einer Fachkraft eingebunden ist. Kleine Kinder nutzen Räume ohne Erwachsene nur selten auf Dauer.

Das „Spatzennest" ist eine Möglichkeit, das oben erläuterte Spannungsfeld zu entzerren. Die Impulse, was grundsätzlich in der Raumgestaltung für das junge Kind umzusetzen ist, lassen sich als Checkliste für jeden Raum anwenden.

Raumgestaltung für 2–6 heißt darüber hinaus nicht zwingend, dass alle Räume für alle Altersgruppen gestaltet sein müssen. Sind die entscheidenden Erfahrungsräume für jede Entwicklungsstufe gewährleistet, darf es auch durchaus „Taburäume" geben.

**„Räume bestimmen Erfahrungsmöglichkeiten,
und Erfahrungen lenken die Aneignung von Räumen!"**

Kornelia Schneider[12]

Für Klein und Groß!

Zu 3.: Wie kann eine ergonomische, gesunderhaltende Umgebung für Erzieherinnen geschaffen werden, die mit Kleinkindern arbeiten?

Räume bilden, wenn das Wohl aller im Blick ist – auch das der Fachkraft.

Kornelia Schneider: „Die Veränderung der Raumgestaltung für U 3 ging einher mit einer Veränderung der Arbeitsweisen:

- mehr Bodennähe,
- mehr individuelle Zuwendung im Tagesablauf,
- gute Bedingungen für Kind-Kind- und Erwachsenen-Kind-Kontakte."[13]

11. Vgl. Hajo Laewen, Beate Andres (Hrsg.): Künstler, Forscher, Konstrukteure, Berlin Luchterhand 2002 S. 114 ff.
12. Schneider, Kornelia: Krippen-Bilder; Gruppen-Erfahrungs-Spielräume für Säuglinge und Kleinkinder, FIPP Verlag 1989, aktualisiert 1993, S. 33.
13. Schneider, Kornelia: Krippen-Bilder; Gruppen-Erfahrungs-Spielräume für Säuglinge und Kleinkinder, FIPP Verlag 1989, aktualisiert 1993, S. 19/20.

Die oben ausgeführten Prinzipien einer Raumgestaltung zum Wohl der jungen Kinder, hatte sich in der praktischen Umsetzung, also aus dem Handeln ergeben.

Gelungene Raumgestaltung muss auch die Bedürfnisse der Fachkraft nach einer ergonomischen Arbeitsumgebung im Blick behalten, damit sie ohne unnötige Belastungen oder Beeinträchtigungen für die Kinder offen und präsent sein kann.

Dazu gehören u. a.

- adäquate Arbeitshöhen bei Wickelbereich und in der Küche,
- Aufstiegshilfen für die Kinder im Wickelbereich,
- unmittelbare Erreichbarkeit von warmem Wasser, ohne den Wickelprozess unterbrechen zu müssen,
- Sitzbereiche, die die Körpernähe des Kindes zulassen können und dennoch ergonomisch sind (Podestlandschaften, Sofa, Sessel mit Fußschemel zum Aufstieg für das Kind),
- sog. „Omnibus“ (Kindertransportwagen), um beim Spaziergang das Tragen zu vermeiden,
- einen „Tischbereich“ auf Erwachsenenhöhe, der den Kindern durch geeignete Möbel wie Tripp-Trapp oder Krippenbänke die Teilhabe ermöglicht,
- adäquate Sitzmöbel, höhenverstellbar bis 31 cm Sitztiefe, um auch am kleinen Tisch „gut“ zu sitzen.

Maßnahmen zum Lärmschutz[14], ausgewogene natürliche und künstliche Beleuchtung, sowie eine regelmäßige Luftwechselrate tragen zu einem für alle förderlichen Raumklima bei. In vielen Tageseinrichtungen sind sie nicht selbstverständlich.

Gelingende Raumgestaltung basiert auf individuellen Lösungen, die die aktuelle Situation der Kinder respektiert und die örtlichen Gegebenheiten nutzt!

Folgen Sie Friedrich Nietzsche:

**Alles Fertige wird angestaunt,
alles Werdende wird unterschätzt.**

14. Gewerkschaft Erziehung u. Wissenschaft Baden-Württemberg: „Der Arbeitsschutz für Erzieher(innen) in Kindertagesstätten“, Selbstverlag Stuttgart 2005 und Gewerkschaft Erziehung u. Wissenschaft: „Wie geht es im Job?“, KiTa Studie der GEW, Selbstverlag Frankfurt/Main, Oktober 2007 sowie DIN zur Hörbarkeit in Räumen.

Empfehlenswerte Literatur zum Weiterlesen

Beek, Angelika von der (2008): Bildungsräume für Kinder von null bis drei. Weimar, Berlin 2008.

Beek, Angelika von der/Buck, Matthias/Rufenach, Annelie (2007):
Kinderräume bilden. Ein Ideenbuch für Raumgestaltung in Kitas. Berlin: Cornelsen Verlag Scriptor; Beltz.

Ecophon (Hrsg.) (2006): Mit allen Sinnen lernen, akustische Ergonomie in Bildungsstätten Lübeck, Saint-Gobain Ecophon GmbH.

Laewen, Hans-Joachim, Andres, Beate (Hrsg.) (2002): Forscher, Künstler, Konstrukteure, Neuwied, Berlin: Luchterhand.

Pikler, Emmi, Tardos, Anna (1992): Miteinander vertraut werden. Erfahrungen und Gedanken zur Pflege von Säuglingen und Kleinkindern. Freiburg i. B. : Herder Spektrum.

Pikler, Emmi (2001): Lasst mir Zeit. Die selbstständige Bewegungsentwicklung des Kindes bis zum freien Gehen. Zusammengestellt und überarbeitet von Anna Tardos. München: Pflaum.

Tietze Wolfgang, Schuster Käthe-Marie, Grenner Katja, Rossbach Hans-Günther (2005): Kindergarteneinschätzskala (KES-R). Feststellung und Unterstützung pädagogischer Qualität in Kindergärten, Weinheim, Basel: Beltz 2005.

Tietze, Wolfgang u. a.(2006): Krippen-Skala (KRIPS-R), Feststellung und Unterstützung pädagogischer Qualität in Krippen.

Tietze, Wolfgang, Viernickel Susanne (Hrsg.) (2003, 2007): Pädagogische Qualität in Tageseinrichtungen für Kinder, Ein nationaler Kriterienkatalog. Weinheim, Basel, Berlin: Beltz 2003.

Filmmaterial:

Gerwig, Kurt (2009): KiTas kleinkindgerecht bauen und ausstatten, Kaufungen 2009, AV1 Pädagogik-Filme.
www.krippenfilm.de

Bleschoefski, Rita (2008): Schlüsselsituation nun im Krippenbereich, Hamburg, Vereinigung Hamburger Kindertagesstätten gGmbH.

Vorankündigung

Höhn, Kariane
Ein Raumplanbuch
Bau und Ausgestaltung von Tageseinrichtungen für Kinder unter 3 Jahren
Voraussichtlicher Erscheinungstermin Anfang 2010, Carl Link